Möge das Leben gut zu dir sein

Möge das Leben gut zu dir sein

Irische Segenswünsche für jeden Tag

benno

Möge
die Freude
eines irischen Liedes
und alles Glück
das ganze Jahr mit dir sein.
Mögen dich
viele Segenswünsche erreichen.
Mögest du Gemeinschaft
und Freunde haben,
um den Weg des Lebens
zu finden.

Vorwort

Noch immer üben die über 1000 Jahre alten irischen Segenssprüche eine Faszination auf uns aus. Woran mag das liegen? Vielleicht ist die irische Legende, als ein Mönch eine weise Seherin fragte, ob man im Liegen, im Stehen oder besser im Sitzen beten solle, und ihm geantwortet wurde: „Wir müssen in jeder Haltung beten", eine Erklärung dafür. Denn kein Bereich des alltäglichen Lebens wird in den irischen Segenswünschen und Segensgebeten ausgelassen. Das alltägliche Leben wird symbolisch in die geist-

lichen Texte aufgenommen und dadurch leben diese aus ihrer Erdverbundenheit und Spiritualität.
Sie finden in diesem Buch Texte für Liebe, Freundschaft, über Engel, für ein harmonisches Zuhause, für die Gastfreundschaft, aber auch Segenswünsche für die Reise, die Arbeit und die Rast.
Mögen die irischen Segenswünsche an jedem Tag des Jahres ein Impuls für die Gedanken an Ihren Nächsten, aber auch Hilfe zur Reflexion Ihres eigenen Lebens sein.

1

JANUAR

Freundlich hast du mich
aus dem Dunkel der Nacht
zum Licht des neuen Tages
geführt.
Lob sei dir, guter Gott!
Segne diesen Tag
und alle meine Tage,
die ich unterwegs bin zu dir.

2

JANUAR

Jeder Tag möge glückliche
Stunden dir schenken,
die das ganze Jahr dich begleiten.
Möge jeder Morgen dir Freude
bringen und jeder Abend Frieden.
Die Sorgen dagegen
sollen nur wenig sich mehren.

3

JANUAR

Das Auge des großen Gottes,
das Auge der Herrlichkeit,
das Auge des Königs aller Mächte, das Auge des Königs über allem, was lebt –
es strahlt über uns
auf jeden Tag, jedes Jahr.
Ehre sei dir, glanzvolle Sonne!
Ehre dir, Sonne, du Auge Gottes
über allem, was lebt.

Möge das Jahr dich mit seinen
Geschenken beglücken:
mit den duftenden Blumen
des Frühjahres,
der wärmenden Sonne
des Sommers,
der reichen Ernte
des Herbstes.
Der Winter aber schenke dir
die Zeit der Stille für deine Seele.

5

JANUAR

Möge das Jahr
gut zu dir sein.
Mögen dich viele
Segenswünsche erreichen,
mögest du Gemeinschaft
und Freunde haben,
um alle Wege des Lebens
sicher zu gehen.

6

JANUAR

Mögest du
die reichen Lebenstage
in deinem Herzen
in Dankbarkeit bewahren.
Möge die Gabe der Liebe
von Jahr zu Jahr wachsen,
damit du alle, die dich umgeben,
mit Freude erfüllst.

7

JANUAR

Gott segne die Jahre
deines Lebens.
Gott schaue auf die Jahre
der Fülle.
Gott tanze mit der Freude.

8

JANUAR

Möge das Feuer
in deinem Herd
auch in der dunkelsten
aller Nächte
nie verlöschen.

9

JANUAR

Möge jede Gabe,
die Gott dir schenkt,
mit dir wachsen
und denen Freude schenken,
die dich mögen.

10 JANUAR

Möge jedes Gebet,
das du sprichst,
jede Bitte an den Herrn
eine Stufe auf der Leiter
ins Paradies sein.

11

JANUAR

Möge der Segen,
der auf dir ruht,
immer wachsen.

12

JANUAR

Tritt in Gottes Spuren.
Er hat deine Schuhgröße
und führt dich
auf sicheren Wegen.

13

JANUAR

Aus deinen Augen
strahle das Licht wie von Kerzen
in den Fenstern deines Hauses,
das dem Fremden
Schutz gewährt.

14

JANUAR

Mögest du immer
gute Gedanken haben.
Gott schenke dir
das Lachen eines Kindes,
den Wagemut eines Mannes
und die Weisheit einer alten
Frau.

15

JANUAR

Mögest du mit allen auf
gutem Fuß stehen, wenn es geht.
Aber gib dich selbst
dabei nicht auf.
Heuchle keine Zuneigung,
wo du selbst sie nicht spürst.

16

JANUAR

Verachte die Liebe nicht
und rede nicht verächtlich
von ihr, wo sie sich regt.
Sie erträgt so viel Anfechtung
und wächst doch voll Geduld
immer wieder neu
wie das Gras.

17

JANUAR

Ziehe dich nicht zurück
in die Burg deiner Gedanken,
teile Freud und Leid
mit deinen Nächsten.
Der Vater im Himmel
segne und tröste dich.
Er erfülle dein Herz mit Freude
und nehme die Sorgen von dir.

18 JANUAR

Segne die Dinge,
die meinen Geist bewegen.
Segne die Sache,
an der mein Herz hängt.
Segne, worauf
ich meine Hoffnung gründe.
Du, König der Könige,
segne meine Augen.

19

JANUAR

Mögest du den Tag
in der Gewissheit beschließen,
dass du ihn nicht
verschenkt hast – es sei denn,
an einen anderen Menschen.

20

JANUAR

Vor Gott
sind alle Menschen gleich,
doch er liebt die besonders,
die sich ihm
als schwarze Schafe
zu erkennen geben.

21

JANUAR

Der Herr segne dich,
wenn du gehen musst.
Er beschütze dich
auf der schmalen Straße,
wenn du unterwegs bist.
Er gebe dir Platz
zu ruhen in seiner Burg
und deinem Herzen Offenheit
für die Begegnungen
auf deiner Reise.

Wo immer
das Glück sich befindet,
hoffe, an seinem Ort zu sein.
Wo immer ein Mensch lächelt,
hoffe, das dieses Lächeln dir gilt.
Wo immer die Sonne
aus den Wolken schaut,
hoffe, dass sie für dich scheint,
damit jeder Tag deines Lebens
dich mit seinem Licht empfängt.

23

JANUAR

Ich wünsche dir einen Tag
voll Harmonie
und das Gefühl der Dankbarkeit
am Abend.
Ich wünsche dir Frieden,
den Frieden des Herrn,
er ist Friede für alle Zeit.

24

JANUAR

Möge der Herr
auf euren Wegen
Zeichen des Neuanfangs setzen:
neue Wege eröffnen,
alte Wege in neuem Licht
euch zeigen.
Er führe euch sanft
und öffne eure Augen.

25

JANUAR

Möge die Liebe Gottes
in deinem Herzen brennen –
einer Kerze gleich
leuchtend und wärmend.

26

JANUAR

Möge der Herr
dich in deiner Hand halten –
aber nie die Faust
zu fest machen.

27

JANUAR

Möge
der Abend nicht kommen,
bevor du nicht ein Lächeln
auf das Gesicht deines Nachbarn
zaubern konntest.

28

JANUAR

Möge das Ziel,
auf das du zugehst,
nie weiter entfernt sein
als der kürzeste Weg
zum Himmel.

29

JANUAR

Gottes Segen
sei mit euch allen.
Sonnenschein leuchte
und erwärme die Herzen,
bis sie zu glühen beginnen
und die anderen kommen,
sich an ihnen zu wärmen.

30

JANUAR

Die gute Hand
eines Freundes
möge dich immer halten,
in schweren wie in guten Zeiten
dir die Gewissheit geben,
dass du niemals einsam
sterben wirst.

31

JANUAR

Ich wünsche dir
Gesundheit des Lachens,
ein langes Leben,
ein starkes Herz
und immer etwas Flüssiges
im Mund.

1
FEBRUAR

Übe die Zeit des Alleinseins,
finde die Kraft,
zu dir selbst zu finden.
Er stärke dich
für die schweren Stunden
der Einsamkeit und der Sorgen.

2

FEBRUAR

Mögest du
starke Wurzeln haben,
die dich halten in den
wechselhaften Winden der Zeit.
Möge Freude stets
dein Herz erfüllen,
Gottes Kraft sollst du spüren
allezeit.

3

FEBRUAR

Möge Freude stets
dein Herz erfüllen.
Möge dein Lied
niemals verstummen,
mögest du immer
lebendig bleiben
vom Kopf bis zu den Füßen.

4

FEBRUAR

Mögen deine Freunde
achtgeben auf dich,
Krankheiten keinen Weg
zu dir finden,
Engel dich beschützen
und möge der Himmel
dich annehmen, wie du bist.

5

FEBRUAR

Mit dem Schatten
seines Flügels
beschütze dich der hl. Michael,
der mutige Streiter Gottes,
der Engel über allen Engeln.
Er beschütze deine Seele
auf Erden wie im Himmel.

6

FEBRUAR

Segen der Erde mit dir,
Segen des Meeres mit dir,
Segen des Windes mit dir,
Segen der Bäume mit dir,
Segen des Wassers mit dir,
Segen der Felsen mit dir,
Segen der Sterne mit dir.
Siebenfacher Segen
komme über dich
und über alles, was du liebst.

7

FEBRUAR

Segne mich, o Herr,
und die Erde
unter meinen Füßen.
Segne mich, o Herr,
und den Weg, auf dem ich gehe.
Segne mich, o Herr,
für die ich unterwegs bin.
Du von Ewigkeit zu Ewigkeit,
segne mich auch
bei meiner Rast.

8

FEBRUAR

Möge dein Arm
nicht schwer werden,
wenn du die Hand
zur Versöhnung ausstreckst.
Möge dein Fuß nicht erlahmen,
wenn du auf deinen Widersacher
zugehst.
Mögen dir Engelsflügel wachsen,
wenn du von diesem Gang
zurückkehrst.

9

FEBRUAR

Mögest du von Gott immer
empfangen, was du brauchst:
Arbeit für deine Hände,
Nahrung für deinen Leib,
Antworten für deinen
fragenden Geist,
Freude und Liebe
für dein warmes Herz
und Frieden für deine
suchende Seele.

10

FEBRUAR

Gott bewahre dich
vor aller Gefahr.
Angst sollst du nicht haben.
Seine Engel sind bei dir,
wohin du auch gehst.

11

FEBRUAR

Möge Klarheit sich spiegeln
am Grund deines Herzens,
rein sei deine Seele
wie ein See
ganz oben im Gebirge.

12

FEBRUAR

Möge der Himmel
der Sonne immer ein Schlupfloch
für ihre wärmenden Strahlen
offen halten,
die dich begleiten mögen
auf deinem Weg.

13

FEBRUAR

Immer möge das Sonnenlicht
auf deinen Fenstersims scheinen
und die Gewissheit
in deinem Herzen sein,
dass ein Regenbogen
dem Regen folgt.

14 FEBRUAR

Geschwister der Liebe,
seid gesegnet von Gott.
Er gehe euch immer voraus.
Er zeige euch den rechten Weg
und bewahre euch
vor aller Gefahr.
Er sei in euch,
heile eure Verletzungen und
gebe euch immer wieder Mut,
neu zu beginnen.

15

FEBRUAR

Der Herr, der die Tiefen
des Meeres kennt,
führe euch durch den Sturm
zum sicheren Hafen.
Er segne die Steuerleute,
Anker und Ruder, Segel
und Mast.
Er gebe ihnen die Weisheit,
den Wind zu durchschauen,
und lasse euch in Frieden
heimkehren.

16

FEBRUAR

Die schützende Hand Gottes
möge über dir sein,
dich begleiten,
bewahren und segnen.

17

FEBRUAR

Segen sei mit dir,
der Segen strahlenden Lichts,
Licht um dich her
und innen in deinem Herzen.

18

FEBRUAR

Mögen Gott
und seine heiligen Frauen
dich beschützen,
bis du wiederkommst.

19

FEBRUAR

Wen du auch triffst,
wenn du über die Straße gehst,
ein freundlicher Blick
von dir mache ihn froh.

20

FEBRUAR

Der Herr halte dich
in seiner schützenden Hand,
wenn die Küsten steil
und voll Klippen sind.
Der Herr halte dich
in seiner schützenden Hand.

21 FEBRUAR

Den neuen Tag,
Gott, segne mir –
so neu, noch nie gewesen!
Voll Dank für deine Gegenwart
sei die Zeit, die du mir gegeben.
Meine Augen segne mir, o Gott.

22

FEBRUAR

Du sollst mutig weitergehen,
wenn ein schweres Kreuz
dir die Schultern drückt
und wenn der Berg vor dir
unbezwingbar scheint
und selbst das Licht
der Hoffnung
unsichtbar scheint.
Gott schaut auf dich,
um dich zu behüten.

23

FEBRUAR

Nicht immer soll dein Weg eben
sein, ohne Hindernisse
und Schwierigkeiten und ohne
Regen und Stürme.
Gerade diese sind für dich
bestimmt, deinen Weg
nachdenklicher zu gehen,
deine Nächsten und auch
die Fremden nicht zu vergessen.

24

FEBRUAR

Möge der Herr
zu deinen Füßen stehn,
Christus an deinen Knien.
Der Heilige Geist
wohne in deinem Herzen
und Maria beschütze dich.

25

FEBRUAR

Möge der erste Fisch,
den du heute
für deinen Nachbarn fängst,
der Anfang eines vollen Netzes
als Lohn für deine Arbeit
am Abend sein.

26

FEBRUAR

Der Herr segne
und behüte dich,
er erfülle deine Füße mit Tanz,
deine Arme mit Kraft,
deine Hände mit Zärtlichkeit,
deine Augen mit Lachen,
deine Ohren mit Musik,
dein Herz mit Freude.
Es segne und behüte dich
der Herr.

27

FEBRUAR

Ich wünsche dir,
dass du jeden Tag
vom Morgen bis zum Abend
fröhlich bist,
und mögest du immer
Glück haben
und ein Lied
in deinem Herzen.

28

FEBRUAR

Möge Gott
deinen Lebensunterhalt
nicht verringern
wie auch die Gesellschaft
deiner Freunde.

29

FEBRUAR

Mögen der Schlaf
jede Nacht
und die wärmende Sonne
am Morgen
dir Kraft für das neue Tagwerk
schenken.

1

MÄRZ

Möge der Abendwind
nie heftiger als der Sturm
am Morgen sein.

2

MÄRZ

Wenn Gott
den Menschen misst,
legt er das Messband
nicht um den Kopf,
sondern um das Herz.

3

MÄRZ

Licht möge um dich sein,
Licht außen und innen.
Wo du auch bist,
mögen freundliche Menschen
dir begegnen.

4

MÄRZ

Die Freude Gottes
spiegle sich in deinem Gesicht,
Freude für alle, die dich sehen.
Gottes Gegenwart erhalte dich,
die Engel Gottes
mögen dich schützen.

5

MÄRZ

Der Engel Gottes
wache an deiner Seite
und wenn es nötig ist,
mit Feuer und Schwert.

6

MÄRZ

Möge Gott
auf deiner Reise dich begleiten
und mögest du sicher
ins Himmelreich unseres Herrn
gelangen.

7

MÄRZ

Gott segne dich,
er gehe dir voran
und weise dir den richtigen Weg.
Gott sei in deiner Nähe
und lege seinen Arm
sanft um dich.
Gott sei hinter dir,
schütze dich vor allem Bösen.
Gott sei unter dir,
dich aufzufangen wie ein Netz.

8

MÄRZ

Gott sei neben dir,
dir Trost zu spenden,
Gott sei in dir,
dir Heilung zu geben
in schlimmer Zeit.
Gott sei um dich herum,
dich zu beschützen in Zeiten der
Angst und Hoffnungslosigkeit.
Gott sei über dir wie die strah-
lende Sonne am Firmament
und stärke dich mit seiner Kraft.

9

MÄRZ

Möge Gott dich begleiten
und dich sicher wieder
an die Tür deines Hauses
bringen.

10

MÄRZ

Mögest du so leben,
dass du das Leben
zu nutzen verstehst.

11

MÄRZ

Möge dir deine Arbeit
gut gelingen,
auch werfe dich ein Missgeschick
nicht zurück.
Möge jeder Handgriff,
den du tust,
ein Wort deines Gebetes sein.

Der Tag sei dir wohlgesonnen
und die Nacht
dir gnädig gestimmt,
dass Gottes Stimme
an jedem Morgen
Kraftquell für dein Tagwerk ist.

13

MÄRZ

Gott segne dieses Haus
vom Dach
bis zu den Grundmauern,
er segne Fenster und Türen
und alle, die darin wohnen.
Gott segne das Haus
mit Wärme und Licht.
Gott sei mit uns
an diesem bewohnten Ort.

14

MÄRZ

Das Licht deines Herzens
weise dir den Weg,
damit Gott gegenwärtig ist
in allem, was du tust;
damit du nie deiner Arbeit
überdrüssig wirst,
sondern sie möge
deine inneren Kräfte wecken
und deine Seele bereichern.

15

MÄRZ

Mögen deine Sorgen gering,
die guten Wünsche für dich
aber zahlreich sein
und nur das Glück trete
durch deine Tür.

Der Herr sei über dir,
um dich zu segnen.
So segne dich der gütige Gott:
der Vater, der Sohn
und der Heilige Geist.
Amen.

17

St. Patrick's Day

MÄRZ

Christus sei, wo ich liege.
Christus sei, wo ich sitze.
Christus sei, wo ich stehe.
Christus in der Tiefe,
Christus in der Höhe,
Christus in der Weite.

Christus sei im Herzen
eines jeden,
der an mich denkt.

18

MÄRZ

Christus sei im Munde
eines jeden,
der von mir spricht.
Christus sei im Auge,
eines jeden, der mich sieht,
Christus sei in jedem Ohr,
das mich hört.
Du, mein Herr,
du, mein Erlöser.

St. Patrick

19

MÄRZ

Was immer dir begegnet,
Gutes oder Böses,
ich muss es mit Gleichmut
annehmen
und Gott immer danken,
weil er mich gelehrt hat,
ihm ohne Zweifel
und unbegrenzt zu glauben.

St. Patrick

20

MÄRZ

Ich weihe mich heute
Gottes mächtiger Führung,
Gottes wachendem Auge,
Gottes schützenden Händen,
Gottes fürsprechendem Wort,
Gottes leitender Weisheit,
Gottes offenen Wegen,
Gottes rettender Heerschar.

St. Patrick – Morgengebet

21

MÄRZ

Möge die Sonne
dein Gemüt erhellen,
der Regen deine Seele
nicht verdunkeln.
Mögest du hundert Frühlinge
erleben,
aber nur einen Herbst.

Mögest du
in schweren und bitteren Zeiten
die trotzige Ausdauer
wie St. Patrick haben,
als er während
seiner 40-tägigen Bußzeit
den Himmel stürmte.

23

MÄRZ

Auf schmalen Straßen
komme ich zu deiner
bergenden Burg,
schütze mich,
wie du Brendan geschützt hast
und Bran.

24

MÄRZ

Die Segenswünsche,
die dich erreichen,
mögen sich vervielfachen
und deinem Herzen
Freude bereiten.

25

MÄRZ

St. Patrick möge dir
Liebe und Schutz gewähren,
ein Leben in Gelassenheit
und Erfüllung.

26

MÄRZ

Der Herr sei dein Freund,
der die Erde dir schenkte
und den Himmel
als schützendes Dach darüber.

27

MÄRZ

Möge der auferstandene
Christus dich segnen.
O König der Könige,
der du den Tod überwunden hast,
steh uns bei.
Wie die Sonne
den neuen Tag bringt,
so gibst du uns neue Hoffnung.

28

MÄRZ

Mögen deine Gedanken
wie die Frühlingsblüten
der Bäume sein.
Möge deine Seele sich auf
Flügeln erheben hin zu dem Ort,
wo sie Ruhe findet.
So kannst du sein,
wie Gott dich will.

29

MÄRZ

Möge zu jeder Zeit,
ob du froh oder traurig bist,
Gott mit dir sein
und du dich in seiner
Nähe wissen.

Was du auf der Schulbank
nicht lernen konntest,
möge das wahre Leben
dich lehren.

31

MÄRZ

Mögen deine Taschen
auch schwer wiegen,
dein Herz sei leicht
wie eine Feder.

1

APRIL

Gott ist jeder Strahl
des Lichtes,
der sich spiegelt
in deinem Herzen.

2

APRIL

Dein Herz
möge ruhen in der Nacht.
Besänftige die Wünsche,
die dich nicht ruhen lassen.
Gib dich preis ohne Rücksicht
in die stets offenen Hände
des Herrn.

3

APRIL

Jeder Tag möge glücklich
für dich werden.
Deine Gedanken
sollen fröhlich sein
wie die irischen Kleeblätter;
dein Herz sei leicht
wie ein kleines Lied.

4

APRIL

Du Herr des Mondes
und der Sonne,
du König über dem Sternenzelt,
du allein kennst unsere Sorgen
und Nöte,
o du barmherziger Gott
des Lebens,
sei bei uns jeden Tag
und jede Nacht.

Der Wind
stärke dir den Rücken.
Die Sonne
erwärme dein Gesicht.
Der Regen
schenke dir Frische.
Das Land
soll dir Heimat sein.
Mögen deine Wege
zu friedlichen Orten führen.

6

APRIL

Mögest du dich
niemals mit
den Reichen messen,
aber Maß nehmen
an den Armen.

7

APRIL

Möge der Sohn Gottes
deinen Weg ebnen,
Anfang und Ende
all deines Bemühens sein.

8

APRIL

Der Herr segne deine Hände,
die Schenken können
und maßvoll nehmen,
zupacken können
und mit Zärtlichkeit verzaubern,
Dinge schaffen,
die Freude bereiten.

9

APRIL

Möge Freundlichkeit
in deinen Augen glänzen,
anmutig und edel
wie die Sonne,
die aus den Nebeln steigt
und die ruhige See erwärmt.

10

APRIL

Wem du auch begegnest,
ein freundlicher Blick
von dir möge ihn treffen.
Möge deine Ankunft
von Freude begleitet sein.

11

APRIL

Möge niemand
deinem Glück im Wege stehen,
wenn du teilst.
Möge dein Glück
rund wie der Vollmond sein.

12

APRIL

Möge das Dach
deines Hauses
nie einfallen
und mögen die,
die darunter wohnen,
nie herausfallen.

13

APRIL

Möge jeder Morgen
von Liebe erfüllt sein
und Sonnenschein
deinem Gesicht
Glanz und Wärme schenken.

14

APRIL

Möge Gott uns das Unwetter
ohne Verlust und Schaden
überstehen lassen
und auch die bösen Seiten
unserer Seele.

15

APRIL

Möge das Wasser,
das du trinkst,
dich daran erinnern,
dass auch deine Seele dürstet.

16

APRIL

Möge das Glück
dieser Erde
deinen Weg kreuzen
und dich immer
wieder treffen.

17

APRIL

Herr, segne auch mich,
der ich von den Zeichen
deines Lichtes geleitet
und heimgeführt werde.

18

APRIL

Am Ende
eines steilen Aufstiegs
mögen dich
die wärmenden Strahlen
der Sonne grüßen.

19

APRIL

Möge dein Schutzengel
nie mehr Arbeit
mit dir haben
als der Besitzer
eines Sacks Flöhe.

20

APRIL

Möge die Straße,
auf der du gehst,
mit deinen freundlichen Worten
gepflastert sein.

21

APRIL

Vergiss nie,
dass auch die zum Gebet
gefalteten Hände
Hände der Arbeit
und der Mühe sind.

22

APRIL

Herr, segne die Arbeit
des Jahres
und aller Jahre,
die noch kommen werden.
Möge deine Hand, o Herr,
auf ihr ruhen
und sie segnend begleiten.

23

APRIL

Fülle dieses Haus
mit dem Geist
der Gastfreundschaft.
Möge jeder,
der sein Haupt hier bettet,
eingehüllt sein
in die lieben Arme Gottes.

24

APRIL

Möge es dir vergönnt sein,
nach Zeiten der Unzufriedenheit
und des Neides
wieder Versöhnung
mit dir zu finden.

25

APRIL

Möge der Regen sich
zu Bächen und Flüssen sammeln,
deren Kraft und Leichtigkeit
deine Seele erfreut.

26

APRIL

Mögen deine Wege
von tausend Engeln
begleitet sein,
wenn du aber fällst
und Unheil dir droht,
mögen zehntausend Engel
dich auffangen.

27

APRIL

Möge das Feuer,
das du jeden Morgen
in deinem Ofen schürst,
Quelle des Feuers deiner Liebe
zu den Menschen sein.

28

APRIL

Die kleinen Zeichen am
Rand deines Weges
mögest du nicht übersehen:
den Tau auf den Spitzen
der Halme,
den Sonnenschein,
der den Fenstersims wärmt,
die Regentropfen
auf den Blättern der Blüten,
das spontane Lachen der Kinder.

29

APRIL

Möge dein Weg durch viele
kleine Dinge leichter werden.
Mögen warme Worte
an einem kalten Abend
zu dir dringen.
Sende der Vollmond sein Licht
für deinen Weg nach Hause.
Möge ein sanfter Rückenwind
dein Begleiter sein.

30

APRIL

Durchdringe mich mit Ruhe,
mein Herr und Gott,
so wie du den Sturm
auf dem Meere stillst.
Beruhige mich,
mein Herr und Gott,
bewahre mich vor dem Bösen.

1

MAI

Mögest du
immer Arbeit haben,
für deine Hände etwas zu tun,
aber möge der Sonntag
ein Ankerplatz
für deine Seele sein.

2

MAI

Ich wünsche dir die zärtliche
Ungeduld des Frühlings,
das milde Wachstum
des Sommers,
die stille Reife des Herbstes
und die Weisheit
des erhabenen Winters.

Der Herr entzünde in dir
einen Funken Liebe
zu Verwandten, Feinden
und Freunden,
zu allen kleinen und großen
Menschen.
Herr, entzünde ein Feuer,
das nie vergeht.

4

MAI

Gott segne jeden Schritt
meines Weges
und den Grund
unter meinen Füßen.

5

MAI

Mögen deine Sünden
nie mehr wiegen
als ein Federkissen.

6

MAI

Mögen die Engel Gottes
immer mit dir sein,
dich schützend begleiten
auf dem Weg durch den Tag
vom ersten Hahnenschrei
bis zum Aufzug des Mondes,
auf dem Weg durch das Jahr
vom Aufblühen der Knospen
bis zur Ernte, auf dem Weg durch
das Leben vom Kind bis zum
Greis.

7

MAI

Jede Gabe, die Gott dir schenkt,
soll wachsen mit dir und diene
dazu, denen Freude zu schenken,
die dich mögen.
Dass du immer Freunde hast,
die deiner wert sind,
denen du vertrauen kannst,
die dir beistehen,
wenn du traurig bist.

8

MAI

Mögest du den Tag
nicht vor dem Abend loben,
Gott aber Tag und Nacht,
Nacht und Tag.

Gott möge die Wege,
die du gehst,
segnen und behüten.

10

MAI

Wie tiefdunkel die Nacht
auch sein mag,
möge das helle Licht
sie erleuchten und uns
ans Ziel führen.

11

MAI

Gott ist gut
und behütet dich,
aber tanze nicht
in einem kleinen Boot.

12

MAI

Mögest du am Morgen
voll Erwartung sein,
mittags sei voller Kraft
und abends sei voller Weisheit.

13

MAI

Möge der Himmel
deinen Weg
mit Sonnenschein begleiten.

14

MAI

Ich steige auf durch die Kraft
Gottes, die mich lenkt,
Gottes Macht halte mich
aufrecht,
Gottes Auge schaue für mich,
Gottes Ohr höre für mich,
Gottes Wort spreche für mich,
seinen Weg will ich gehen,
unter seinem Schutz und Schild.

St. Patrick

15

MAI

Die Augen Gottes
mögen auf dir ruhen.
Wenn du auf der Reise bist,
die Füße Christi dich leiten.
Möge der Heilige Geist
sich reichlich über dich ergießen.
Der Frieden des Herrn sei mit dir,
der Frieden Jesu sei mit dir,
der Frieden des Heiligen Geistes
sei mit dir.

16

MAI

Möge der Heilige Geist
Besitz von dir ergreifen,
er schütze dich
auf den Wogen des Meeres,
er schütze dich
auf dem festen Land.
Auf allen Wegen
lenke er deine Schritte
und führe uns
zum ewigen Frieden.

17

MAI

Gottes Gnade falle wie Tropfen
auf dich herab,
Jesu Gnade komme über dich,
die Gnade des Heiligen Geistes
erfülle dich an jedem Tag
und in jeder Nacht,
auf deinem Lebensweg
zum ewigen Ziel.

18

MAI

Ewiges Licht
scheine in unseren Herzen,
ewige Güte
befreie uns vom Bösen,
ewige Kraft
sei unser Fundament,
ewige Weisheit
vertreibe das Dunkel
unserer Unwissenheit.

19

MAI

Ewiges Erbarmen werde uns zuteil, damit wir mit Herz und Verstand, mit unserer Seele und Kraft dein Antlitz suchen und durch deine unendliche Gnade und große Barmherzigkeit zu deiner heiligen Anschauung gelangen.

Alkuin von York

20

MAI

Gott umfange dich,
dass dir Luft
zum Atmen bleibt,
dass dir Wasser
zum Trinken bleibt,
dass dir die Erde
zum Leben bleibt.
Gott umhülle dich.

Mögest du
in deinem Herzen
alle kostbaren Erinnerungen
deines Lebens
in Dankbarkeit bewahren.
Das ist mein Wunsch
für heute und
für deine Lebensreise.

22

MAI

Mein Wunsch für dich:
Möge Gott auf dem Lebensweg,
der vor dir liegt,
dir vorangehen.
Mögest du die hellen Fußstapfen
des Glücks finden
und ihnen auf
dem langen Weg folgen.

23

MAI

Die Engel des Herrn
geben dir Schutz
auf dem Meer der Zeit
und sollen dein
kleines Lebensschiff bewahren
vor Klippen und im Sturm.
Der Herr und seine Boten
mögen dich beschützen allezeit.

24

MAI

Möge dich
der Himmel
mit guten Freunden
segnen.

25

MAI

Gott schütze
und bewahre dich
vom Kopf
bis zu den Füßen.

26

MAI

Möge Gott
dir immer schenken,
was du brauchst.

27

MAI

Gott, der Herr,
möge unsere Herzen öffnen,
damit die wahre Freude
einziehen kann.

28

MAI

Der Herr sei neben dir,
um dich in die Arme
zu schließen,
um dich zu schützen
gegen alle Gefahr.

29

MAI

Möge dein Nachbar
nie enttäuscht
und mit leeren Händen
von deiner Tür weggehen.

30

MAI

Der Regen möge
vom Himmel herabkommen,
der Baum des Lebens
soll voll von Blüten sein,
die Saat auf den Feldern
möge gedeihen,
das Vieh vermehre sich.
Gerecht soll der König herrschen
und Frieden bringen.

31

MAI

Ich wünsche dir
die Fröhlichkeit eines Vogels
im Baum der Eberesche
am Morgen,
die Lebensfreude eines kleinen
Fohlens auf der Wiese am Mittag,
die Geduld und Ruhe
eines Schafes
auf der Weide am Abend.

1

JUNI

Mögest du
die Gewissheit verspüren,
dass kein Haar ungezählt
von deinem Haupt fällt,
auch wenn der stärkste Sturm
wütet.

2

JUNI

Welche Geschäfte
du auch immer betreibst,
stelle dir vor,
Gott könnte dein Partner sein.

3

JUNI

Möge der Torf,
den du im Sommer stichst,
einmal das Feuer
im Winter nähren
und Wärme euch schenken.

4

JUNI

Möge Gottes Segen
wie ein leuchtendes Gestirn
immer über dir schweben,
wie die glutrote Sonne,
wenn sie strahlt am Tag
über der wilden Wiese.

5

JUNI

Möge dein Glück
so rund sein
wie der Vollmond
in der klaren Nacht,
dein Unglück so schmal
und klein wie der Neumond.

6

JUNI

Möge Gott dich schützen
mit seiner großen Liebe
in deiner Wohnstatt
und in den Herzen aller bleiben,
die darin wohnen.

7

JUNI

Gott behüte dich,
er segne die vier Wände
deines Hauses,
die dich schützen vor dem Wind.
Er segne das schützende Dach,
das dich bewahrt
vor Regen und Unwetter.
Er segne das Feuer im Ofen,
dass du Kälte und Einsamkeit
widerstehst.

Er segne die Stühle
und den großen Tisch,
auf dem du immer
Brot und Wein findest.
Er segne die Fenster
in deinem Haus
und sende dir täglich
ein paar Sonnenstrahlen
und gebe den Blick frei
für deinen Nachbarn.

9

JUNI

Gott sende dir Schutzengel,
sie mögen
deinen Schlaf bewachen
und da sein,
wenn du wieder erwachst.
Die Engel Gottes begleiten dich
durch den Tag
und schenken dir Kraft
in Stunden der Prüfung.

10

JUNI

Segen soll sein,
wenn du rastest,
es ist die Zeit,
Kraft zu schöpfen
für den weiten Weg.
Möge die Weisheit des Herrn
bei dir sein,
den richtigen Weg zu finden.

11

JUNI

Mögen die Wege
vor deinen Füßen sich ebnen,
ein sanfter Wind
in deinem Rücken sein,
möge die Sonne dein Gesicht
bescheinen,
warm und wohltuend,
und bis zu unserem Wiedersehen
möge Gott seine schützende
Hand über dich halten.

12

JUNI

Herr, segne die Sonne,
das wärmende Licht des Tages.
Herr, segne den Mond,
den guten Begleiter der Nacht.
Herr, segne die Sterne,
die ewigen Wegweiser
des Himmels.
Segne auch die Kerze am Fenster,
die in der Nacht dem Verirrten
ein Zeichen ist.

13

JUNI

Möge der Himmel,
den du siehst, immer blau sein
und deine Träume sich erfüllen.
Deine Freunde sollen
wahrhaftig sein
und deine Freude vollkommen.
Mögen Glück und Lachen
deine Tage erfüllen –
jetzt und immerdar.

14

JUNI

Mögen die Freude eines
lustigen irischen Liedes und
alles Glück der Kleeblätter das
ganze Jahr über mit dir sein.
Mögen dich viele Segens-
wünsche erreichen.
Mögest du Gemeinschaft
und Freunde haben,
um alle Wege des Lebens
zu genießen.

15

JUNI

Mögen deine guten Gedanken
und Unternehmungen
niemals durch die Hinterlist
und Tücke des Teufels
vereitelt werden.

Möge Gott uns
zu essen geben,
wenn wir hungrig sind,
Speisen für Magen und Seele,
und den Himmel,
wenn wir sterben.

17

JUNI

Nimm dir Zeit
zum Lachen,
es ist Musik für die Seele.

18

JUNI

Der Herr sei hinter dir,
um dich zu beschützen
vor der Heimtücke
böser Menschen.

19

JUNI

Deine Hände
sollen immer Arbeit finden.
Die Sonne soll
in dein Fenster scheinen
und dein Herz
voll Gewissheit sein,
dass jedem Wolkenbruch
ein Regenbogen folgt.

20

JUNI

Die gute Hand
eines Freundes
möge dir immer nahe sein
und der Herr fülle dein Herz
mit Frohsinn und Freude.
Er ermuntere dein Herz
und deinen Mund zum Gesang.

21

JUNI

Mögest du
auf all deinen Wegen
beschützt sein
und bewahrt bleiben.

22

JUNI

Möge Gott euch
viel Glück bringen
und möge
ein großer Fischschwarm
euren Kurs kreuzen.

23

JUNI

Möge der Herr
die Saat auf dem Feld
beschützen,
den Kopf, der denkt,
die Hand, die gibt,
das Herz, das schenkt.
Der Herr segne dich
alle Tage deines Lebens.

Das Grün der Wiesen
bringe Freude in deine Augen,
das Blau des Himmels
vertreibe deinen Kummer,
die Sanftheit der Nacht
mache alle dunklen Gedanken
unsichtbar.

25

JUNI

Mögest du nach jeder Nacht
noch eine kleine Glut
in der Asche finden,
damit du das Feuer von Neuem
entfachen kannst.

26

JUNI

Mögest du nie traurig
oder verzagt
auf dein Tagwerk
zurückblicken müssen.

27

JUNI

Ich liebe meine kleine Küche,
Herr, jeden Winkel, jede Diele,
jeden Stein, Töpfe und Schüsseln.
Darum segne mich
und all mein Tun,
wenn ich Schüsseln wasche,
wenn ich koche.
Die Mahlzeit hier auf meinem
Herd würze von oben her

28

JUNI

mit Segen und Freundlichkeit
und vor allem mit Liebe von dir.
Die Nahrung, die die Erde gibt,
der Tisch, den du uns deckst –
wir danken dir für unser täglich
Brot.
Gesegnet sei meine kleine Küche,
und alle, die eintreten,
mögen ein frohes Herz
und Frieden finden und Glück.

29

JUNI

Mögen deine Wege
dich stets aufwärts führen,
auch wenn du durch tiefe Täler,
dunkle Wälder
und durch enge Schluchten
gehen musst.

30

JUNI

Wenn jedes
deiner guten Werke
ein Lehmstein
für das Paradies ist,
möge selbst das kleinste
noch die Ritzen zwischen
den Steinen verfugen,
durch die der Wind bläst.

1

JULI

Ich bin der Wind,
der über der See atmet,
ich bin die Welle auf dem Ozean,
ich bin der Adler
über den Gipfeln,
ich bin ein Strahl der Sonne,
ich bin die schönste der Blumen,
ich bin der Fisch im Wasser,
ich bin der See in seiner Klarheit,
ich bin der Gott,
der das Feuer erschuf.

2

JULI

Wer ist es, der den Lichtstrahl
über die Berge schickt?
Wer wechselt das Angesicht
des Mondes?
Wer zeigt der Sonne den Weg
über den Himmel?
Wer, wenn nicht ich?
Mögest du jeden Tag spüren,
dass auch die dunkelste Stunde
einen göttlichen Schimmer
besitzt.

3

JULI

Jeder Tag ist schön,
an dem deine Arbeit gelingt.
Möge das Glück
dir immer nahe sein.

4

JULI

Mögest du immer
eine Tasse Milch mehr
im Krug haben,
als du selbst trinken kannst.

5

JULI

Mindestens die Hälfte
deiner Wünsche
mögen sich erfüllen
und die schmerzlichen Prüfungen
des Lebens
mögest du bestehen,
doch bewahre vor allem
deine Heiterkeit,
so geht das Leben leichter voran.

6

JULI

Mögen gute Tage
deinen Weg begleiten,
freundliche Menschen
dir begegnen,
und die Sehnsucht
führe dich zum Ziel.
Mögen die Heiligen
dich beschützen.
Das wünsche ich dir
für deine Lebensreise.

7

JULI

Der gesegnete Regen,
der köstliche, sanfte Regen
ströme auf dich herab.
Die kleinen Blumen mögen
zu blühen beginnen
und ihren köstlichen
Duft ausbreiten,
wo immer du gehst.

Möge Gott die,
die das Essen verdienen,
beschützen.
Möge Gott dir
Wohlstand bringen
und möge er die Menschen,
die auf dem Feld arbeiten,
vor Unglück bewahren.

9

JULI

Möge das Dach
deines Hauses
nie rissig werden.
Möge die Tür an deinem Haus
nie aus den Angeln fallen,
das Feuer in deinem Herd
nie verlöschen.

10

JULI

Wenn meine Hände
Brot brechen,
möge Gottes Segen immer
auf mir ruhen
und auf den tausend
gurrenden Tauben
im Tal meiner
fröhlichen Einsamkeit!

11

JULI

Möge Gott dich
auf deinem Weg
immer auf gute Möglichkeiten
stoßen lassen.

12

JULI

Mögen viele kleine Dinge
deinen Tag reich machen:
Der Sonnenschein
auf der Türschwelle,
das schläfrige Schnurren
der Katze,
die Farben im Blumenbeet.

13

JULI

Möge der Vogel,
der dir das Morgenlied singt,
auch am Abend sein Lied
noch kennen.

14

JULI

Der Himmel
möge verhindern,
dass dir etwas zustößt.

15

JULI

Gott erhalte euch
glücklich und gesund
und gebe euren Nachbarn
Liebe und Frieden,
und wenn die Zeit auf Erden
zum Ende kommt,
bringe Gott euch
in das königliche Haus
des Himmels.

16

JULI

Der Herr segne dieses Haus:
jeden Balken, jeden Stein,
jeden Flur, jeden Tisch,
um den wir sitzen,
die Zimmer und diese Tür,
die den Fremden
willkommen heißt.
Möge sich diese Tür
den Armen ebenso öffnen
wie euren Verwandten
und Freunden.

17

JULI

Mögen
deine Kinder dich stets
um ein gutes Wort
für den Nachbarn,
um deine Gaben
für den Bettler
und um deine offenen Arme
gegenüber Fremden
beneiden.

18

JULI

Gott sei über euch
wie der weite Himmel,
er segne und
behüte euch
auf dem Weg
von nun an
bis in Ewigkeit.
Amen.

19

JULI

Gesegnet sei
die Kraft deines Glaubens.
Gesegnet sei,
was deine Liebe tut.
Gesegnet sei,
worauf du deine Hoffnung
gründest.

20

JULI

Gott segne die Frucht
dieser Erde.
Möge Gott der Saat,
die wir der Erde anvertrauen,
Blüte und Frucht geben.
Möge Gott die Ernte segnen
und reich sein lassen.

21

JULI

Möge der Segen
des großen Regens
über dich kommen.
Möge er deinen Geist
aufrütteln und ihn waschen
und dort einen schimmernden
Teich zurücklassen,
in dem das Blau
des Himmels leuchtet
und manchmal ein Stern.

22

JULI

Möge der Wind
dich streicheln,
wenn du traurig bist,
die Sonne dir zulächeln,
wenn es dir nicht gut geht.
Möge der Regen
aus deinem Gesicht waschen
die Tränen,
die du in bitteren Stunden
weinst.

23

JULI

Möge der Herr
diesen neuen Tag
und alle Tage,
die du unterwegs bist zu ihm,
segnen.

24

JULI

Möge die Macht Gottes
uns behüten.
Möge der Weg Gottes
uns lenken
in den Stürmen des Lebens.

25

JULI

Ihr ungezählten Grashalme,
ihr Sandkörner am Ufer des Sees,
ihr Tautropfen in der
Morgensonne:
Mögen die Segenswünsche
des Königs der Gnade
auf allen ruhen,
die vorübergehen,
jetzt und allezeit.

26

JULI

Sei gesegnet
beim ersten Licht der Sonne
am Morgen des neuen Tages.
Sei gesegnet
am Abend,
wenn dein Tagwerk vollbracht ist.
Sei gesegnet
an jedem Tag deines Lebens.

27

JULI

Lass mich nicht aus dem Blick,
mein Gott,
aus deinen Händen,
aus deinen Augen,
aus deinem Ohr,
aus deinem Herzen,
heute und alle Tage
meines Lebens.

28

JULI

Bewahre
die kostbaren Erinnerungen
und Erfahrungen des Lebens
in deinem Herzen.
Sie sind die Schatzkammern,
aus denen du
in schweren Stunden
leben wirst.

29

JULI

Nimm dir Zeit
zum Denken,
es ist die Quelle
der Kraft.

30

JULI

Mögest du
immer Zeit finden
für einen stillen Platz
an jedem Tag.

31

JULI

Der Gürtel Christi umspanne
dich im Namen des Herrn,
der den Wind den Wellen
schenkte.
Er möge dich sicher
nach Hause bringen
am Ende jeden einzelnen Tages.
Wärme erfülle dein Herz
im Dunkel der Nacht
und eine sanfte Straße
führe dich nach Haus.

1

AUGUST

Deine Gaben mögen wachsen
mit den Jahren,
Gott hat sie dir geschenkt,
und sie sollen die Herzen derer,
die du liebst, mit Freude erfüllen.
In jeder Stunde der Freude
und des Leides wird Gott bei dir
sein, dich segnen;
und du mögest bei ihm bleiben.

2

AUGUST

Nimm dir Zeit,
um freundlich zu sein,
es ist das Tor
zum Glücklichsein.

Möge Gott
dir Glück an jedem Tag
deines Lebens bringen.

4

AUGUST

Gott, behüte das Haus,
das Feuer, die Tiere,
jeden, der heute Nacht
bei uns weilt.
Behüte mich und meine Lieben.
Bewahre uns auch vor Feinden
in dieser Nacht.

Segne Anfang und Ende,
mein Gott.
Meine Hände mögen segnen,
was sie ergreifen.
Meine Augen mögen segnen,
was ihnen anvertraut wird.
Mein Mund möge segnen
mit jedem Wort, das er spricht.

6

AUGUST

Gottes Macht
halte dich aufrecht,
Gottes Weisheit leite dich,
Gottes Auge schaue für dich,
Gottes Wort spreche dich,
Gottes Hand bewahre dich.

7

AUGUST

Möge Gott
dir von der Quelle,
die nie versiegt,
zu trinken geben.
Gesegnet sei der Lauf
deines Lebens.

8

AUGUST

Mögest du
gute Freunde haben,
die dich lieben und schätzen,
denen du genügst,
wie du bist.

9

AUGUST

Möge das Glück
dich verfolgen,
an jedem Morgen,
auf dem Weg durch den Tag
und in jeder Nacht.

10

AUGUST

Mögest du
die sanften Schwingen
der Engel spüren.
Mögen sie dir Vertrauen
und Kraft schenken
für deinen Weg durchs Leben.

11

AUGUST

Mögen
die Farben des Regenbogens
wie die Siegel
der Treue des Herrn zu dir sein.
Mögest du immer Vertrauen
auf seine Hilfe haben.

12

AUGUST

Möge der erste Ruf
des Vogels am Morgen
deinen Lobpreis
auf Gott beflügeln.

13
AUGUST

Möge Gott
dir das Herz füllen
mit Frohsinn, Hoffnung
und Freude.

14

AUGUST

Die Blumen auf der Wiese
sind wie ein Hauch Gottes.
Mögest du seinen
sanften Atem spüren,
damit du überströmst
an Farben, Duft und Freude.

15

AUGUST

Der Segen Mariens
komme über dich
und berge deine Seele in Frieden.
Er stärke dich
in jeder dunklen Stunde,
bis strahlend die Sonne
über dem Gebirge aufgeht.

16

AUGUST

Ich wünsche dir
einen Regenbogen nach dem
Regen an einem Sonnentag.
Ich wünsche dir Meile für Meile
ein irisches Lächeln für kostbare
und glückliche Stunden.
Ich wünsche dir Kleeblätter,
Fröhlichkeit und Glück.

17

AUGUST

Im Namen des Engels
entzünde ich das Feuer,
in der Macht Jesu, Gottes Sohn.
In meinem Herzen seien
weder Angst noch Furcht,
kein böser Wunsch
für irgendetwas oder irgendwen.

18

AUGUST

Möge das Brot,
das du teilen willst,
nie schimmlig werden.

19

AUGUST

Nimm dir Zeit
zum Spielen,
es ist das Geheimnis
ewiger Jugend.

20

AUGUST

Möge von Zeit zu Zeit
deine Seele leuchten
im Festkleid der Freude.
Möge von Zeit zu Zeit
deine Last leichter werden.
Möge von Zeit zu Zeit
eine Melodie aufsteigen

21

AUGUST

vom Grund deines Herzens,
um dem Leben
einen Gruß zu senden
wie der Vogel am Morgen.
Möge von Zeit zu Zeit
des Himmels Licht
in dein Herz dringen.

22

AUGUST

Gott möge immer bei dir sein,
dich schützend begleiten,
und dein Weg
soll dich aufwärts führen.
Sonnenschein begleite
deinen Schritt,
Wind möge dir
den Rücken stärken.

23

AUGUST

König des Lichts
und der Sonne,
du allein kennst den Ursprung
und Grund unseres Lebens.
Sei jeden Tag bei uns,
sei jede Nacht bei uns,
sei jede Nacht
und jeden Tag bei uns,
sei bei uns
jeden Tag und jede Nacht.

24

AUGUST

Nimm dir
Zeit zum Arbeiten,
es ist der Preis
des Erfolgs.

25

AUGUST

Möge Gott
dich schützen und segnen.
Mögen sich
deine Wünsche erfüllen.

26

AUGUST

Möge dir
kein Unglück geschehen,
weil du mit den Armen
geteilt hast.

27

AUGUST

Möge die Wolle,
die du spinnst,
nicht von schwarzen Schafen
stammen.

28

AUGUST

Dank sei dir, Gott,
für die Gaben, die du mir
geschenkt hast, für jedes Jahr
mit seinen Erfahrungen,
jede Begegnung
mit ihrer Weisheit,
für jeden Tag, jede Nacht
zu Lande und zu Wasser,
für jedes Wetter, Sonnenschein,
Regen und Sturm.

29

AUGUST

Dank für dein Auge,
um mich vor Schaden
zu bewahren,
für jede Zeit, für Ebbe und Flut,
für deinen Arm,
den du um mich legst.
Für jedes Geschenk
möchte ich dir danken.
Die beste Gabe
bist du selbst für mich.

30

AUGUST

Sei am Anfang deines Weges
voller Erwartung und Hoffnung
und am Abend
voller Dankbarkeit.
Deine Freunde
sollen dich wiedererkennen
bei deiner glücklichen Heimkehr.

31

AUGUST

Die Hand Gottes
möge ein Ruhekissen
für dein müdes Haupt sein.
Wenn du dich noch
mit deinem Bruder
versöhnen musst,
mögest du auf einem
harten Stein schlafen.

1

SEPTEMBER

Der Herr,
der die Tiefen des Meeres kennt,
führe dich durch den Sturm
zum sicheren Hafen.

2

SEPTEMBER

An Leidens- und
an Freudentagen
möge das Lächeln Gottes
mit dir sein
und du dich ihm nahe fühlen.

3

SEPTEMBER

Möge die Arbeit dir gelingen,
damit du dich
am Ende des Tages zufrieden
zurücklehnen kannst –
jedoch nicht so weit,
dass du deiner Arbeit
zu Füßen liegst.

4

SEPTEMBER

Die gute Hand
deines Gottes
möge immer auf dir ruhen,
sein Licht
möge dir leuchten,
wo immer du gehst.

5

SEPTEMBER

Mögest du immer
den Willen Gottes tun,
damit du nicht
wie ein unvorsichtiger Vogel bist,
der sich im Netz verfängt,
nicht wie ein
leck geschlagenes Schiff,
das jede Gefahr bedroht.

6

SEPTEMBER

Mögest du immer
den Willen Gottes tun,
dann bist du wie ein Licht,
das immer leuchtet
wie ein Gefäß aus Silber
voll mit Wein.
Gesegnet sei der Weg
deines Lebens.

7

SEPTEMBER

Möge Gott dir
gesunden Menschenverstand
geben.

8

SEPTEMBER

Möge Gott
niemals das Leben
in unseren Adern verringern.

9

SEPTEMBER

Der Segen des Herrn
sei mit dir,
er ströme auf dich herab.
Dein Weg sei verziert
vom Grün der Pflanzen,
von duftenden Blumen,
wohin du auch gehst.

10

SEPTEMBER

Bedenke,
dass du auch auf dem
einsamsten deiner Wege
nie allein bist.
Wenn du an Gott denkst,
lauschst und aufmerksam gehst,
hörst du den Schritt
deines Engels.

11

SEPTEMBER

Halte immer
dem Gegenwind stand,
auch wenn er dir
ins Gesicht bläst
und du meinst,
aufgeben zu müssen.
Bleibe fest und gehe
ihm immer wieder entgegen –
vielleicht auf anderen Pfaden
und in neuen Schuhen.

12

SEPTEMBER

Christus, bewahre mich,
Christus. beschütze mich,
Christus, nimm mich auf
in deine Wohnstatt.
Christus, gib mir Kraft.
Im Leben,
im Tod steh du mir bei
und segne mich.
Das hoffe ich.

13

SEPTEMBER

Mögen die sieben Farben
des Regenbogens
wie sieben Siegel
der Treue Gottes zu dir sein.

14

SEPTEMBER

Möge ein blauer Himmel
über dir lächeln
und die Sonne dich wärmen.

15

SEPTEMBER

Wenn Gott dich
auf einen steinigen
und holprigen Weg schickt,
möge er dir feste Schuhe geben.

16

SEPTEMBER

Nimm die Welt
ungezwungen und leicht
und möge sie es mit dir
ebenso tun.

17

SEPTEMBER

Möge die Ernte der Felder
deine Läger füllen,
die Worte aus deinem Mund
die hungernden Herzen.

18

SEPTEMBER

Möge jede Arbeit in Segen
sich verwandeln,
jeder Segen aber in eine Sprosse
der Leiter ins Paradies.

19

SEPTEMBER

Möge die Erde tanzen,
wenn du unter
einer Last strauchelst.
Mögen die Sonnenstrahlen über
dir, die Erde unter dir, die Vögel
in der Luft und die Grashalme zu
deinen Füßen tanzen,
um dir das Gleichgewicht
wiederzuschenken.

20

SEPTEMBER

Mögen
hilfreiche Erfahrungen
dich prägen,
gute Menschen dir begegnen.
Nimm das Leben
als ein Geschenk.
Gottes Segen
möge dich begleiten
auf deinem Lebensweg.

21

SEPTEMBER

Meinen Schöpfer zu loben,
der alles lenkt,
die vollkommene Ordnung
des Himmels, die Erde,
das Meer, jedes Ding –
über meinen Büchern zu sinnen,
nach dem zu spüren,
was der Seele nützt,
meinen geliebten Himmel
zu bestaunen,

22

SEPTEMBER

beim Sammeln von Seegras
am Felsen oder dann,
wenn ich fischen geh,
den Armen das Essen austeile,
oder allein in der Zelle bin –,
Zeit, für Gottes Herrschaft
zu beten und für unser Heil –
diese Arbeit, die gar nicht
schwer ist, die täte ich gern.

St. Columcille

23

SEPTEMBER

Möge Gottes helles Licht
dir jede Nacht leuchten,
um dich sicher
nach Hause zu führen.

24

SEPTEMBER

Möge dein Webstuhl
nur gute Gedanken
zu wärmenden Tüchern
für kältere Zeiten weben.

25

SEPTEMBER

Ich wünsche dir Kraft und Mut,
die Steine aus dem Weg
zu räumen.
Möge ein großer Turm
daraus wachsen,
den du voller Freude
besteigen kannst.
Und wenn du fällst,
mögen viele Arme
sich dir entgegenstrecken,
um dich liebevoll aufzufangen.

26

SEPTEMBER

Mögest du
arm an Unglück,
reich an Segen sein,
zu schwerfällig,
um dir Feinde zu machen,
schnell, um Freunde zu finden,
aber ob reich oder arm,
langsam oder schnell –
mögest du von heut an
nur Glück kennen.

27

SEPTEMBER

Herr, segne dieses Haus
und seine Bewohner,
segne meine Frau
und unsere Kinder.
Segne unser Aufstehen
am Morgen,
den Weg durch den Tag und,
wir bitten dich,
lass Wärme uns spüren
an jedem Abend.

28

SEPTEMBER

Mein Lebenswunsch
für dich:
Einen wahren Freund
sollst du haben,
der an dich glaubt,
und wenn du meinst,
alle Kräfte haben dich verlassen,
und doch standhältst
den Stürmen des Lebens,
dein Ziel du nicht verlierst.

29

SEPTEMBER

Möge der Erzengel Michael,
der deine Seele am Tag
des Gerichtes wiegt,
die Gewichte zu deinen Gunsten
vertauschen.

30

SEPTEMBER

Gott sucht dich
und wärst du
ein Sandkorn nur
am Strand des Ozeans.

1

OKTOBER

Möge der Herr
unsere Herzen erwärmen,
damit sie uns die Augen öffnen
für unsere Nächsten.

2

OKTOBER

Lass deinen Ärger
mit der Sonne untergehen,
aber nicht wieder aufgehen.

3

OKTOBER

Kein schlechter Gedanke
möge in dein Herz dringen,
der deiner Seele schaden könnte.

4

OKTOBER

Mögen die Heiligen
dich beschützen,
der Teufel aber vergesse dich!

5

OKTOBER

Wie du am Anfang
meines Weges warst,
sei auch wieder am Ende
der Wegstrecke.
Wie du bei mir warst,
als sich meine Seele
und mein Herz formten,
sei du, Vater,
auch für meinen Lebensweg
das Ziel.

6

OKTOBER

Vergiss die Freunde,
die dich verrieten und verletzten,
aber nie jene, die zu dir standen
in schlechten Zeiten,
als du dich verlassen fühltest.
Vergiss die überstandenen
Sorgen, aber niemals die Segens-
worte, die über dich gesprochen
wurden, jeden Tag.

7

OKTOBER

Ein Gast in meinem Haus:
Ich teilte mit ihm die Speisen
und bot ihm Wein zum Trank an.
Zum Abschied segnete er mich
und mein Haus.
Auf dem Dach sang ein Vogel:
Oft, oft, oft kommt der Herr
im Gewand eines Fremden.

8

OKTOBER

Gott gebe dir ein reines Herz
und ein Auge, das segnet,
was es sieht.
Segne deinen Nächsten und dein
Nächster möge dich segnen.
Dies gewähre uns mit seinem
Segen: Gott, unser Vater, durch
seinen Sohn, Jesus Christus,
in der Liebe des Heiligen Geistes.

9

OKTOBER

Möge der Brotteig,
der in der Schüssel quillt,
gesegnet sein
und deine Familie
und den Gast vor deiner Tür
vor Hunger bewahren.

10

OKTOBER

Möge der Weg
euch zusammenführen,
der Sturm euch
nicht entzweien
und die Sonne
wärme eure Herzen.

11

OKTOBER

Nimm dir Zeit
zum Träumen,
es ist der Weg
zu den Sternen.

12

OKTOBER

Mögen gute Worte
mehr wiegen
als das Geld
in deiner Tasche.

13

OKTOBER

König der Sterne!
Sieh an mein Haus.
Ob dunkel oder hell,
niemals soll es verschlossen
sein,
wenn jemand an die Tür pocht.
Möge auch Christus
mir sein Haus nicht verschließen.

14

OKTOBER

Möge stets jemand
an deiner Seite sein,
mit dem du lachen kannst
und der deine Lieder kennt.
Und am Ende des Tages
hülle der warme Mantel
der Liebe dich zärtlich ein.

15

OKTOBER

Der Herr segne die Tür,
die immer offen sei
für Freunde und Fremde.
Er segne Kommen und Gehen.

16

OKTOBER

Gott hat
die Zeit geschaffen,
und der Mensch erfand
die Hast.

17

OKTOBER

Gott schenkt dir
das Gesicht,
lächeln musst du selber.

18

OKTOBER

Möge dich auch
die kälteste Nacht
nicht von Gottes
wärmender Liebe trennen.

19

OKTOBER

Der Herr möge
Ruhe in dein Gemüt flechten,
deinem Herzen Stille schenken.
Er bewahre dich vor allem Bösen
und nehme die Unruhe von dir.
Möge der Frieden des Herrn
immer mit dir sein.

20

OKTOBER

Herr, lasse Frieden sein
zwischen den Nachbarn,
Friede zwischen den Liebenden.
Führe uns durch das Dunkel
der Welt zum Licht
des neuen Tages.

21

OKTOBER

Den tiefen Frieden
im Rauschen der Wellen
wünsche ich dir.
Den tiefen Frieden
vom Sohn des Friedens
wünsche ich dir.

22

OKTOBER

Ich wünsche dir
den Frieden
eines sanften Windhauchs,
den Frieden
der schweigsamen Erde.
Ich wünsche dir
den Frieden des Herrn.

23

OKTOBER

Möge der Tag
niemals eine Last
für dich sein.

24

OKTOBER

Möge Gott weder
deine Gesundheit
noch deine Vorräte
und deine Arbeit verringern.

25

OKTOBER

Mögest du nie
ohne Segen des Himmels
aus dem Haus gehen.
Und mögest du ein Segen
für andere sein.

26

OKTOBER

Mögen die Speisen
in deinem Topf
dich und noch einen
anderen Menschen
satt machen.

27

OKTOBER

Mein Herz ist unruhig
immer und immer.
Ach, wie gern vergäße ich
die vergangene Zeit
auf kalter, bitterer Erde,
wenn du, mein Gott,
mich ließest ruhen
in dem stillen Land
wohl hinter dem Wind.

28

OKTOBER

Möge der Segen des Lichts
auf dir sich ausbreiten,
Licht außen und innen.
Möge das Sonnenlicht dich
bescheinen und dein Herz
wärmen, bis es glüht wie ein
großes Torffeuer,
sodass Fremde zu dir kommen,
um sich daran zu wärmen,
und auch ein Freund.

29

OKTOBER

Möge die Sonne
in deinen Augen
nie untergehen,
ihr Strahlen viele Freunde
glücklich machen.

30 OKTOBER

Mögest du spüren,
dass auch die Stunde
des tiefsten Schmerzes
einen göttlichen Schimmer
besitzt.

31

OKTOBER

Wenn eisiger Wind und Kälte
dir entgegenschlagen,
möge die Liebe Gottes
dir Schutz sein,
dir Wärme und Halt geben.

1

NOVEMBER

Mögen die Heiligen
dich beschützen und segnen.
Mögen Sorgen dich meiden,
wo immer du bist
auf deinem Weg durchs Leben.

2

NOVEMBER

Ich folge dir, Herr,
wo immer du gehst,
denn du besitzt das Geheimnis
des ewigen Lebens.

3

NOVEMBER

Mögen wir in den Genuss
der Gnade des Herrn kommen
und in Irland sterben können.

4

NOVEMBER

Bedenke, dass es
hundert Möglichkeiten gibt,
um auf Abwege zu kommen
und ins Verderben zu rennen,
aber nur eine Straße
in den Himmel.

5

NOVEMBER

Denke nicht darüber nach,
ob du durch ein prächtiges Portal
oder durch eine bescheidene
Türe den Himmel betrittst.
Hauptsache, du bist willkommen.

6

NOVEMBER

Mögest du immer Ausschau
nach der Ewigkeit halten,
aber darüber den Blick
für die Aufgaben deines Lebens
nicht vernachlässigen.

7

NOVEMBER

Mögest auf Erden du
auf einem Strohsack ruhen
und im Himmel du
auf Daunen gebettet sein.

8

NOVEMBER

Gottes Segen ruhe
auf den Seelen der Verstorbenen,
und möge Gott uns
noch etwas Zeit schenken,
bis wir ihnen folgen.

9

NOVEMBER

Mögest du im Himmel
einen guten Sachwalter haben,
der deine Verdienste preist,
und möge die Aufzählung
der schlechten Werke
vergessen sein.

10

NOVEMBER

Möge deine Hand, o Herr,
ein ganzes Jahr lang
unsere Arbeit schützen.

11

NOVEMBER

Mögen die,
die auf dem Weg
uns vorausgegangen sind,
gute Wegweiser sein.

12

NOVEMBER

Möge
in der Stunde unseres Todes
das Strohbett im Himmel
für uns bereitet sein.

13

NOVEMBER

Der Frieden,
der allein vom Herren kommt,
möge dein Herz erfüllen
und dich mit Freude ermuntern.

14

NOVEMBER

Der Winter weckt mein Weh,
wenn die Blätter welken.
Oft seufze ich und trauere,
wenn ich nur daran denke,
wie dieser Welten Schönheit
zu nichts vergehen wird.

15

NOVEMBER

Möge ich mit dir, o Gott,
immer in Frieden leben
und möge der Friede
des Himmels
erstrahlen über mich
und auch das Haus
meines Nachbarn.

16

NOVEMBER

Der Herr sei unter dir,
um dich aufzufangen,
wenn du fällst.

17

NOVEMBER

Nimm dir Zeit,
dich umzuschauen,
der Tag ist zu kurz,
um selbstsüchtig zu sein.

18

NOVEMBER

Der Herr
sei immer bei dir,
um dich zu schützen
vor aller Gefahr.

19

NOVEMBER

Möge das Kreuz Christi
zwischen mir
und dem Feind meiner Seele
und meines Körpers sein.

20

NOVEMBER

Mögest du
in Frieden leben mit Gott,
wo immer du ihn findest,
was auch immer deine Ziele
und Träume sind
in der Unruhe deines Lebens.

21

NOVEMBER

Mögen die Arme Gottes
immer Zuflucht für dich sein,
dich halten und schützen,
mit Liebe segnen,
dich in Frieden bewahren.

22

NOVEMBER

Wenn du etwas
Gutes tun kannst,
mögest du Hände
so groß
wie Schaufeln haben.

23

NOVEMBER

Dein Lächeln soll
für den, der friert,
der beste Mantel
aus Lammfell sein.

24

NOVEMBER

Möge das Glück dir
auf deinem Weg
immer nahe sein.

25

NOVEMBER

Möge die Arbeit dir
nie zu schwer werden
und mögest du die Früchte
deiner Anstrengungen ernten.

26

NOVEMBER

Ich wünsche dir den Frieden
des stillen Bergsees,
den Frieden einer klaren
Sternennacht.

27

NOVEMBER

Lass alle Unruhe und Angst
in mir ersterben, o Herr,
umarme mich
in deinem Frieden.

28

NOVEMBER

Mein Wunsch für dich:
Nicht, dass es
keine Regenwolken gibt,
nicht, dass
die Sonne an jedem Tag scheint,
nicht, dass du
niemals Schmerzen verspürst,
nicht, dass du niemals weinst
und traurig bist, nein,
das alles wünsche ich dir nicht.

29

NOVEMBER

Mögest du Freunde haben,
denen du vertraust.
Mögen dir Menschen begegnen,
die dir helfen,
wenn du sie brauchst.
Möge jede Gabe Gottes
in dir wachsen,
die dir geschenkt wurde,
dass immer du Kraft findest,
anderen Hoffnung zu schenken.

30

NOVEMBER

Lebe in Frieden mit Gott,
wie du ihn jetzt
für dich begreifst;
und was immer deine Mühen
und Träume sind –
halte Frieden mit deiner Seele.

1

DEZEMBER

Möge ein Schutzengel
auf all deinen Wegen
dein Begleiter sein und dir dort,
wo er dir nicht folgen kann,
einen deftigen Knotenstock
in die Hand geben.

2

DEZEMBER

Nimm dir Zeit,
um zu lieben,
es ist die wahre Lebensfreude.

3

DEZEMBER

Gottes Hilfe
sei dir immer näher
als die nächste Tür.

4
DEZEMBER

Gott segne die Erde,
auf der ich stehe.
Gott segne die Wege,
die ich beschreite.
Gott segne das Ziel,
für das ich lebe.

5

DEZEMBER

Segne, was ich suche,
segne, was meine Liebe braucht,
segne, worauf meine Hoffnung
sich gründet.
Du König der Könige,
segne meinen Blick.

6

DEZEMBER

Möge Gott uns
auf den richtigen Weg bringen.
Möge Gott unsere Wege lenken.
Möge Gott uns nicht erlauben,
irgendetwas gegen unser
Seelenheil zu tun.

7

DEZEMBER

Mögest du
warme Worte haben
an einem kalten Abend,
Vollmond in einer dunklen Nacht
und eine sanfte Straße
auf dem Weg nach Hause.

8

DEZEMBER

Möge in Freud und Leid
der Mensch gewordene
Gottessohn dich begleiten.

9

DEZEMBER

Möge die Sonne
in deinen Augen
nie untergehen.

10

DEZEMBER

Möge die Liebe Gottes
wie eine Kerze
in deinem Herzen brennen –
leuchtend und wärmend.

11

DEZEMBER

Geh deinen Weg ruhig –
mitten in Lärm und Hast,
und wisse, welchen Frieden
die Stille schenken mag.

12

DEZEMBER

Auch die Leiter zu den Sternen
mögest du besteigen,
auch wenn der Aufstieg
beschwerlich und steil,
vielleicht eine Sprosse bricht,
es ist dein Weg,
Gott knüpft stets ein Netz
für dich.

13

DEZEMBER

Segen soll sein,
wenn du rastest
für den weiten Weg.
Möge der Herr dir Mut geben,
auch eine neue Richtung
einzuschlagen.
Möge die Weisheit des Herrn
bei dir sein,
den richtigen Weg zu finden.

14

DEZEMBER

Möge deine Freude durch zwei
Dinge vermehrt werden:
dass Gott dich beim Namen ruft
und dass dein Schutzengel
ein Loblied auf dich singt.

15

DEZEMBER

Der Engel des Herrn
sei neben dir,
dich sanft zu umarmen,
dir Schutz zu geben
für allezeit.

16

DEZEMBER

Nimm dir Zeit
zum Lesen,
es ist der Brunnen
der Weisheit.

17

DEZEMBER

Gottes Liebe,
die in seinem Sohn Gestalt
angenommen hat,
möge in unseren Herzen
wohnen.

18

DEZEMBER

In den Augenblicken,
in denen ein gutes Wort
dein Herz verlässt,
bleibt die Zeit stehen.
Möge sie dich
freundlich erhalten.

19

DEZEMBER

Halte Frieden
mit deiner Seele,
höre auf ihren Atem.
Lebe achtvoll!
Versuch, glücklich zu sein.

20

DEZEMBER

Der Herr sei in dir,
um dich zu trösten,
wenn du traurig bist.

21

DEZEMBER

Gott segne euch,
und der Segen der Heiligen
und mein eigener Segen
seien mit euch.

22

DEZEMBER

Lege deine Hand
unter mein Haupt,
lass dein Licht leuchten über mir.
Der Segen
deiner Engel schütze mich
vom Scheitel bis zur Sohle.

23

DEZEMBER

Gedenke nicht meiner Sünden.
Richte mich nicht nach dem,
was ich an diesem Tag getan.
Vergiss mich nicht,
wenn du die Deinen zählst.

24

DEZEMBER

Am Heiligabend

Der König der Welt,
der König des Lichtes,
der König des Himmels,
der König des Paradieses,
der König der Heiligen,
geboren in einem Stall,
segne alle hier.

25

DEZEMBER

Ich wünsche dir nicht,
dass jedes Leid dich verschont,
und niemals Schmerz du erfährst –
nein, das wünsche ich dir nicht.
Tränen läutern dein Herz,
Leid erhebt es in eine
besondere Gemeinschaft,
deren Liebe einmalig ist.

26 DEZEMBER

Mögen Gott,
Maria und die Heilige Familie
es uns wohlergehen lassen.
Hilf uns, Herr,
mit dem auszukommen,
was wir haben,
und schenke uns
eine gute Gesundheit.

27

DEZEMBER

Dein Segen, o Gott,
zwischen Ochs und Esel,
deinen Segen für das Kind,
den edlen Prinzen,
deinen Segen vom Himmel
für das Haus des Geburts-
schmerzes, deinen Segen
für die Heiligen Drei.

28

DEZEMBER

Möge die Liebe,
die Maria ihrem Sohn schenkte,
die ganze Welt dir schenken,
dass du sie weitergibst
an deine Kinder und Enkel.

29

DEZEMBER

Möge das Licht
des Morgensterns
auch die Dunkelheit
in dir erleuchten
und dein Herz erwärmen.

30

DEZEMBER

Möge der,
der wahre Mensch
und wahrer Gott ist,
dir begegnen und dich
mit seinem Frieden erfüllen.

31

DEZEMBER

Mögest du
in deinem Herzen
das vergangene Jahr
in Dankbarkeit bewahren.

Bibliografische Information der Deutschen Nationalbibliothek
Die Deutsche Nationalbibliothek verzeichnet diese Publikation in der Deutschen Nationalbibliografie; detaillierte bibliografische Daten sind im Internet über http://dnb.d-nb.de abrufbar.

Besuchen Sie uns im Internet:
www.st-benno.de

Gern informieren wir Sie unverbindlich und aktuell auch in unserem Newsletter zum Verlagsprogramm, zu Neuerscheinungen und Aktionen. Einfach anmelden unter www.st-benno.de

ISBN 978-3-7462-4285-9

Zusammenstellung: Volker Bauch, Leipzig
Umschlaggestaltung: birq design, Leipzig
Umschlagfoto: kesipun/Fotolia
Gesamtherstellung: Kontext, Lemsel (A)